꿈과 용기를 심어 준 사람들

장보고

이현옥 글·안병원 그림

아주 먼 옛날 신라 시대의 이야기예요.
파도가 넘실거리는 바닷가에 한 소년이 살았어요.
소년은 어릴 적부터 활을 잘 쏘고 말을 잘 탔지요. 그래서 사람들은 소년을 '궁복' 이라고 불렀답니다.
유난히 바다를 좋아했던 궁복은 사람들이 알아 줄 만큼 헤엄치기도 잘 했어요. 궁복은 끝없이 펼쳐진 바다를 보면서 바다와 같은 커다란 꿈을 가슴에 심었답니다.
'나는 커서 꼭 신라에서 가장 높은 바다의 장군이 되고 말 거야.'
궁복은 훗날 용감하게 바다를 지켰던 '바다의 왕 장보고'로 이름을 날리게 된답니다.

어느 날, 궁복은 바다를 바라보며 연에게 말했어요.
"오늘은 저기 바다 가운데에 솟아 있는 까치섬을 돌고 오자."
"그래, 좋아!"
궁복과 연은 '풍덩' 하고 바다에 뛰어들었어요.
두 아이가 까치섬 쪽으로 헤엄쳐 나간 후 돌아오지 않자,
마을에서는 큰 야단이 났어요.
"아무래도 아이들에게 무슨 일이 생긴 것 같아요."
그런데 한참 후, 궁복과 연은 물에 함빡 젖은 채 바닷속에서
천천히 기어 나왔어요.
걱정했던 사람들은 크게 숨을 내쉬며 기뻐했어요. 지금까지
까치섬까지 쉬지 않고 헤엄친 사람은 궁복과 연이 처음이었지요.

어느 날, 어머니는 궁복을 불러 앉혀 놓고 말했어요.
"궁복아, 넌 장차 무엇이 되고 싶으냐?"
"군대에 들어가서 장군이 되고 싶어요."
잠시 아무 말 없던 어머니는 궁복의 손을 꼭 잡았어요.
"우리처럼 신분이 낮은 뱃사람들은 아무리 노력해도
장군이 될 수 없단다. 그러니 이 신라 땅을 떠나
당나라에 가서 네가 원하는 일을 해 보거라."
이 말을 듣고 궁복은 밤새 잠을 이루지 못했어요.
'그래, 여기서 장군이 될 수 없다면 당나라로 가는 거야.'
며칠 뒤, 궁복과 연은 당나라로 떠났어요.

마침내 궁복과 연은 당나라에 도착했어요. 마차를 끌고 가던 장사꾼 한 사람이 두 소년 있는 데서 말을 멈추었어요.
"이놈들! 네놈들은 신라에서 왔지? 그렇지?"
장사꾼은 마차에서 내려 다짜고짜 궁복과 연에게 물었어요.
"그, 그래요. 우리는 신라 아이들이에요."
"자, 나를 따라와. 심부름이나 하면서 밥이나 얻어먹어라."
장사꾼은 궁복과 연을 마구 끌고 가려고 했어요.
'좋아, 신라에서 익혀 두었던 무술을 써 먹어 보자.'
궁복은 재빠르게 뒤로 물러나 장사꾼의 몸을 들어 올렸어요. 그리고는 힘껏 길바닥으로 던져 버렸지요.

마침 이 곳을 지나가던 군대의 대장이 궁복에게 다가왔어요.
"솜씨가 대단하군. 자네들 우리 군대에 들어오지 않겠나?"
궁복과 연은 군대라는 말에 가슴이 두근거렸어요.
"신라 사람도 당나라 군인이 될 수 있나요?"
"암, 신라 사람이라도 무예가 뛰어나다면 상관없지."
"좋습니다. 오늘부터 당장 군인이 되겠습니다."
그 날부터 궁복과 연은 군대에 들어가 훈련을 받게 되었어요. 훈련은 어렵고 힘들었지만, 궁복은 그저 즐겁기만 했답니다.

세월이 흘러 궁복과 연은 군대의 소장이 되었어요.
그 곳에서 궁복은 이름을 '장보고'로, 연은 '정연'으로 고쳤답니다.
어느 날, 장보고에게 신라 사람들이 찾아왔어요.
"저희는 당나라에 있는 신라 마을에 사는 사람들이에요."
"당나라에도 정말 신라 마을이 있단 말이오? 한번 가 보고 싶소."
신라 마을에 도착하자, 모두 장보고를 반갑게 맞아 주었어요.
한 노인이 장보고에게 다가와 말했어요.
"당나라 해적들이 신라로 쳐들어가 사람들을 잡아다가 당나라에
팔고 있습니다. 부디 신라 사람들이 돌아갈 수 있게 도와 주십시오."
"아니, 그럴 수가!"
장보고는 주먹을 불끈 쥐고 군대로 돌아갔어요.

*해적 : 바다의 도둑이에요.

장보고는 황제를 찾아가 해적을 잡아 줄 것을 부탁했어요.
그리고 나서 돌아오는 길에 소년들을 만났답니다.
"저희들은 원래 신라 사람들이에요. 해적들에게 붙잡혀 와서 저 들판에서 일하고 있죠. 저희들을 도와 주세요."
마침 들판 주인은 잠시 집에 가고 없었어요. 장보고는 서둘러 소년들을 마차에 태워서 신라 마을에 숨겨 두고 돌아왔어요.
이 때, 장보고는 굳게 결심했답니다.
'해적들이 계속 신라를 어지럽히고 있는 한, 당나라에 붙잡혀 온 소년들을 구해 내 봤자 소용 없는 일이야.
아예 신라로 돌아가서 신라의 바다를 지키자!'
마음이 결정되자, 장보고는 군대의 대장을 찾아갔어요.
대장이라도 장보고의 결심을 꺾을 수는 없었답니다.

장보고는 당나라에 남겠다는 정연을 두고 혼자서 신라로
돌아왔어요. 그리고는 곧바로 신라 왕을 찾아갔어요.
"지금 당나라의 해적을 물리쳐야만 합니다.
부디 저에게 바다 지키는 일을 허락해 주십시오."
이미 장보고의 이름을 들어 알고 있던 왕은 기꺼이 허락해
주었지요. 장보고는 1만 명의 군사들을 거느리고 청해로 갔어요.
장보고는 청해에 수군 기지를 만들어 군사들을 열심히
훈련시키고 배도 많이 만들었어요.

*청해 : 지금의 완도예요.

그러던 어느 날 밤, 드디어 당나라 해적들이 나타났어요.
장보고는 배를 끌고 나가 군사들에게 명령을 내렸어요.
"해적들을 모조리 물리쳐라!"
군사들은 해적선을 향해 불화살을 쏘았어요.
장보고는 이 첫 싸움에서 크게 승리를
거두었답니다.

그 뒤, 장보고는 당나라 해적들뿐만 아니라, 일본 해적의 침입까지 모두 막아 냈어요. 해적들은 장보고라는 이름만 들어도 벌벌 떨었답니다. 청해진은 이제 살기 좋은 곳으로 바뀌었어요.
다른 나라와 물건을 사고 파는 중요한 역할을 했지요.
"바다의 왕, 장보고 장군 만세!"
사람들은 장보고를 '바다의 왕'이라고 부르며 존경했답니다.

그러던 어느 날, 왕위 다툼에서 밀려난 김우징이라는 사람이 가족들을 데리고 청해진으로 도망쳐 왔어요.
"그 동안 얼마나 고생이 많으셨습니까?"
장보고는 김우징과 그 가족들을 극진히 대접해 주었지요.
두 사람은 매우 가까운 사이가 되었답니다.

*왕위 : 임금의 자리를 말해요.

장보고가 당나라에 싣고 가는 물건들을 살피고 있을 때였지요.
거지 차림의 한 남자가 장보고의 손을 꼭 붙잡았어요.
"형님, 나 모르시겠습니까?"
자세히 보니 함께 당나라로 건너갔던 정연이었지요.
"저도 얼마 전에 신라로 돌아왔어요. 장사를 하다 잘 안 되어,
이렇게 거지꼴이 되었어요."
두 사람은 한동안 부둥켜안고 눈물을 흘렸어요.
"여기 청해진에서 나와 함께 바다를 지키자꾸나."
이리하여 정연은 장보고를 도우며 함께 지내게 되었어요.

어느 날, 바다를 감시하던 군사가 소리쳤어요.
"앗! 해적이다! 모두 준비하라!"
셀 수 없이 많은 배가 가까이 오고 있었어요. 그런데 이상하게도
사람들이 배 위에서 깃발을 흔드는 거예요.
"아무래도 해적들이 아닌 모양이다."
얼마 뒤, 배가 모두 청해진에 닿았어요. 그 동안 왕위 싸움에서
진 사람들이 뿔뿔이 흩어졌다 힘을 모으기 위해 장보고를
찾아온 거예요. 장보고와 김우징은 그들을 기쁘게 맞았어요.
"잘 왔네. 우리 모두 힘을 합쳐 궁궐을 되찾으세."
이 때부터 장보고는 그들과 함께 군사를 훈련시키며 왕위를
되찾는 일에 힘을 모으기 시작했어요.

이윽고 왕위를 되찾기 위한 모든 준비가 끝났어요. 장보고는 수많은 군사들을 이끌고 궁궐로 쳐들어갔지요. 장보고의 군사는 너무도 강하여 아무도 당해 내지 못했답니다. 마침내 궁궐 안을 지키고 있던 왕을 몰아 내고 김우징은 신라 왕의 자리에 오르게 되었어요. 김우징이 바로 신라 제45대 왕인 신무왕이에요.

"장보고의 공이 매우 크오."

신무왕은 장보고에게 큰 벼슬을 내리고 많은 땅을 주었답니다.

신무왕이 세상을 떠나고, 그의 아들 문성왕은 장보고의 딸을 왕비로 맞으려고 했어요.

그런데 신하들이 모두 반대했어요.
"장보고는 천한 집안에서 태어난 사람입니다. 그러니 그의 딸을 왕비로 맞아서는 안 됩니다."
결국 문성왕은 장보고의 딸을 왕비로 맞지 못했어요.
이 소식을 전해 들은 장보고는 매우 화가 났어요.
'지금껏 내가 왕을 위해 목숨을 아끼지 않았는데, 돌봐 준 데에 대한 보답이 겨우 이런 것이란 말인가!'
장보고는 더 이상 참을 수가 없어 군사들을 모았지요.
"이런 대접을 받고 그냥 덮어 버릴 수는 없다. 당장 궁궐로 쳐들어갈 준비를 하자."
장보고가 쳐들어온다는 소식을 전해 들은 문성왕은 두려움에 떨며 어쩔 줄을 몰랐어요.

마침내 문성왕은 장보고를 죽일 계획을 세웠어요. 왕의 부하는 죄를 지어 도망 온 사람인 척하고 장보고를 찾아가 뜻을 같이하자고 했어요.

"장군님, 제가 장군님을 돕겠습니다. 이번 기회에 왕위에 오르십시오."

"하하하, 그게 어디 내 마음대로 되는 일인가?"

장보고는 왕의 부하가 주는 술을 밤 늦도록 마셨어요. 그리고는 술에 취해 그대로 바닥에 쓰러져서 칼을 맞고 세상을 떠났답니다. 결국 장보고는 뜻을 이루지 못하고 세상을 떠났지만, 역사가 계속되는 한 영원한 바다의 왕으로 남아 있을 거예요.

장보고의 발자취

(? ~846년)

?	남해의 작은 섬에서 태어난 것으로 추측됨
809년 ?	중국 당나라로 감
820년	당나라 군대의 소장이 됨
	이름을 장보고로 바꿈
828년	신라로 돌아와 청해진 대사로 임명됨
837년	왕위 다툼에서 진 김우징이 청해진으로 피신해 옴
839년	김우징이 왕위에 올라 신무왕이 됨
846년	세상을 떠남

▲ 청해진 유적지에 남아 있는 집터

▲ 완도에 있는 장보고의 사당

▲ 장보고를 청해진 대사로 임명한 흥덕왕의 무덤

꿈과 용기를 심어준 사람들
장보고

통일 신라 시대의 해상 활동

신라는 백제와 고구려를 멸망시킨 후 당나라 군사를 몰아 내는 과정에서 수군을 강하게 하고 재정비하였어요. 삼국 통일의 전쟁 과정에서 서로 관계가 좋지 않았던 당나라와 신라는 735년부터 다시 바다를 통해 교류를 활발히 하였답니다. 신라에서는 당나라로 유학생을 보내고 승려나 상인들이 왔다갔다함으로써 당나라와 서역의 문화까지 수입하게 되었지요. 또한 828년에 장보고가 청해진을 설치함으로써, 신라인의 해외 진출과 민간 무역이 활발하여 신라의 해상 활동의 전성기를 맞게 되었어요.

그 시대의 수출품으로는 인삼, 금이나 은으로 만든 물건들이었고, 수입품으로는 비단이나 옷 등의 사치품과 공예품들이 주로 많았어요. 일본과도 활발한 무역이 이루어졌으며, 울산항을 통해 아라비아와도 물건을 사고 팔았어요.

또 장보고는 해적을 모두 무찌르고 일본과의 무역을 독차지하였어요. 장보고의 세력은 굉장히 강했고, 황해의 무역을 독차지하여 우리 민족 역사상 일찍이 없었던 해상 활동의 최전성기를 맞게 되었답니다.